À

LA NATION ALLEMANDE

PARIS

IMPRIMERIE DE L. TINTERLIN ET Cⁱᵉ,

rue Neuve-des-Bons-Enfants, 3.

A LA

NATION ALLEMANDE

PAR

LÉON PLÉE

PARIS

E. DENTU, LIBRAIRE-ÉDITEUR

PALAIS-ROYAL, 13, GALERIE D'ORLÉANS.

—

1859

AVANT-PROPOS

L'auteur de cet appel au bon sens et aux bons sentiments du peuple allemand, compte sur le Rhin et ailleurs en Allemagne, quelques amis qui veulent bien attacher de l'intérêt à son opinion. Ils l'ont prié de la leur dire sans arrière-pensée; c'est ce qui a été fait.

Assurément, personne moins que l'auteur ne peut avoir la prétention d'agir en quoi que ce soit, par la plume, sur les décisions d'une nation étrangère. Cependant, il lui a semblé que si, de chaque rive du fleuve, au lieu de se provoquer à la façon des héros d'Homère, on s'expliquait sans irritation et sans fiel, on serait bien près de s'entendre.

Que l'exemple de l'auteur soit suivi par un de ces publicistes dont l'Allemagne et la France sont, à juste titre, si fières, et il croira avoir remporté un assez grand succès. La voix de la raison, quand les passions lui permettront de se faire entendre, a un accent qui finit par porter la conviction dans tous les cœurs. Lorsque les Allemands voudront bien raisonner de sang-froid sur les questions que nous leur soumettrons, ils seront, n'en doutons pas, de notre avis.

A LA

NATION ALLEMANDE

———❦———

I.

L'Allemagne est agitée de l'Est à l'Ouest et du Sud au Nord. L'esprit national est en mouvement. Les écrivains prennent leur plume de guerre, et les diplomates revêtent l'habit des grandes journées. On n'entend retentir que les mots de mobilisation et de corps d'armée. Déjà le laboureur quitte la moisson qui invitait sa faucille, et l'employé déserte le tranquille bureau où il rêvait si heureusement. Quel grand danger court donc l'Allemagne ?

> « Pour qui ces apprêts meurtriers ?
> « Pour qui ces torches qu'on excite ? »

L'histoire ne voudra jamais le croire. Les chaînes dans lesquelles gémissait l'Italie sont brisées, et c'est ce qui inquiète la patrie de Kant et de Hégel !

II.

'Ceux qui, en France, et ils sont nombreux, ceux qui, en France, aiment l'Allemagne, ne la reconnaissent plus. Ils la considéraient comme la terre classique de la liberté de penser et de croire. Son nom leur semblait inséparable des théories philosophiques les plus élevées. Ils couraient à sa poésie comme à la source la plus pure. Ses graves historiens, soit qu'ils étudiassent la marche de l'humanité, soit qu'ils retraçassent en langage de feu les luttes des peuples pour l'indépendance, leur apparaissaient de loin comme les sénateurs romains de la pensée. Il n'était pas jusqu'à la science allemande à laquelle on ne s'appliquât à chercher un parfum d'honnêteté, de candeur et de libéralisme. Jamais il ne fût venu à l'idée de personne que cette Allemagne philosophe, savante et poëte, au culte de laquelle la France moderne a été formée, pût affliger le monde par une de ces déconvenues qui sont des catastrophes.

Hier encore nous élevions à de Humboldt une statue en signe d'admiration et d'alliance, et voilà que toutes nos espérances seraient trompées, que toutes nos croyances seraient stérilisées. Du camp de la liberté de conscience l'Allemagne passerait dans l'armée de l'esclavage. Elle rénierait son passé. Elle abdiquerait son drapeau. Elle s'unirait au Croate pour empêcher la patrie du Dante, de Pétrarque, de Colomb, de Raphaël, de Michel-Ange, de Vico, de Beccaria, de sortir du sépulcre. Elle ferait cause commune avec la barbarie et avec le despotisme. Ces Germains, qui ont jeté bas le vieux monde et fourni les milices du monde nouveau, se présenteraient désormais aux peuples avec des chaînes dans les mains.

III.

Nous avouons que notre esprit se refuse à croire que l'Allemagne se donne un tel démenti. Nous avons plus de confiance dans sa raison et dans son bon sens. Il est des choses que nous nions même en présence de certains faits, parce qu'elles sont impossibles devant notre intelligence et devant notre cœur.

Quand on nous dit, par exemple, que l'ami d'enfance qui nous avait appris la route du vrai, du beau et du bien a tout à coup changé de voie et s'est jeté dans le chemin du mal, nous repoussons cette calomnie, nous déclarons inadmissible cette transformation subite. Il en est de même pour l'Allemagne. Elle ne peut pas avoir été ce qu'elle a été et devenir ce qu'on voudrait qu'elle fût. Je recherche dans son histoire. Je la vois luttant seule contre Rome maîtresse du monde et la faisant éternellement souvenir de Varus et de ses légions; je la vois supportant trente années de la guerre la plus sanglante et la plus terrible pour le triomphe des droits de la conscience; je la vois encore, quand il s'agit de renverser le géant de ce siècle, inscrire sur sa bannière le mot magique de liberté; j'interroge ses apôtres, ses prophètes, ses penseurs, ses écrivains, ses poëtes, tous me répondent qu'il doit y avoir au fond de l'agitation actuelle quelque malentendu singulier, quelque intrigue odieuse. L'Allemagne ne peut pas avoir ainsi changé en un jour.

IV.

Les peuples sont faciles à égarer quand on fait appel à leurs passions nationales, quand on excite leur rivalité.

On a probablement dit aux Allemands que nous allions reformer la grande armée et, l'Autriche une fois vaincue en Italie, reprendre la route de Vienne. On a secoué les vieilles haines, repris les vieux contes de 1813. On a parlé du Rhin allemand, de la bataille des nations. On s'est bien gardé de faire entendre le langage de la vérité.

Cette vérité parlera malgré tous les bruits; elle brillera malgré tous les obscurcissements.

Ainsi, l'on représente aux Allemands la France comme leur antique ennemie.

Par contre, on fait retentir les services que l'Autriche aurait rendus et rendrait encore à l'Allemagne.

Enfin, on peint l'Allemagne comme désarmée et livrée sans défense à ses ennemis, si elle n'est point couverte par des conquêtes italiennes !

Discutons !

V.

La France n'a jamais été l'ennemie systématique de l'Allemagne. Il y a eu des guerres entre les deux pays, mais jamais de guerre entre les deux peuples.

Dans ces guerres, — c'est une vérité historique incontestable, — les divers gouvernements de l'Allemagne ont presque toujours été les agresseurs. Leurs invasions en France, les coalitions des princes germaniques avec les autres princes de l'Europe contre la France, sont en nombre considérable, tandis que jamais nous ne nous sommes coalisés avec personne contre l'Allemagne.

Nous avons repoussé les invasions et les coalitions, et c'est de combats en combats, qu'entraînés par les provocations, nous avons pris le Rhin, foulé et conquis passagèrement le sol germanique. L'histoire de 1792 n'est pas éteinte. Son flambeau luit encore. On peut s'y éclairer. Qu'avions-nous fait à l'Allemagne quand ses princes se jetèrent sur nous? Où étaient nos crimes ? Nous voulions être libres, et ils craignaient pour l'Allemagne la contagion de notre liberté.

Ce fut la page la plus malheureuse de l'histoire moderne de l'Allemagne : car la cause de la France méritait d'être sacrée pour sa sœur, la Germanie.

Que de services, en effet, n'avions-nous pas rendus en des temps divers aux populations allemandes? N'est-ce pas de la France carlovingienne qu'est sortie la civilisation de la Germanie, et Charlemagne n'est-il pas commun aux deux peuples ? Plus tard n'est-ce pas à l'intervention directe de la France que la liberté de conscience dut son triomphe en Allemagne. Non-seulement François 1er prête l'appui de son épée à la cause protestante, mais Richelieu paraît. Il suscite des armées qui affranchissent l'Allemagne. A qui est dû le traité de Westphalie, si ce n'est à nos victoires. Où en seraient les populations et les États allemands sans ce traité. Ils gémiraient encore sous la plus affreuse féodalité politique et ecclésiastique. C'est nous, Français, qui avons fondé le droit de l'Allemagne, qui avons arraché tant de pays allemands, que nous pourrions nommer, à l'oppression la plus horrible.

Ce sont là des services que l'on ne peut oublier.

Ce ne sont pas les seuls. On parle des guerres que fit l'Empire héritier de la Révolution française pour venger les coalitions précédentes, et pour arrêter de nouvelles invasions. Mais si les victoires de la France furent fatales à l'amour-propre germanique, est-il un Allemand bien né qui puisse ne pas apprécier les avantages politiques qui résultèrent de ces guerres.

Ce qui restait de la féodalité fut aboli progressivement, et les peuples respirèrent. Les vrais principes du droit civil furent propagés. On prononça le mot d'égalité, et bientôt la transformation de l'Allemagne fut complète. Elle s'était endormie dans les bras du moyen âge. Elle se réveilla, grâce aux conquêtes de la France, sur les ailes de l'esprit moderne, et sa gloire littéraire, philosophique et poétique brilla du plus vif éclat. Elle ne put reprocher à la France qu'un peu trop de bonheur dans le métier des armes. Les traces du passage des Français se reconnaissent encore aujourd'hui, non à des ruines, mais à des institutions.

Une sorte de rocher d'Encelade pesait sur l'Allemagne. Ce rocher, qui empêchait chacun de ses mouvements les plus légitimes, s'appelait le Saint-Empire.

Qui souffla sur la montagne et dit à la Germanie : Tu peux marcher ? — la France !

N'aurions-nous rendu à nos frères de Germanie que le service de les débarrasser des projets de domination universelle de l'Autriche, nous mériterions leur reconnaissance éternelle et celle de l'univers.

VI.

En regard de ce que l'Allemagne doit à la France, mettons ce qu'elle doit à l'Autriche.

La France a pu être quelquefois l'aiguillon de l'Allemagne. L'Autriche en a été constamment le mauvais génie.

Le grand Schiller, un de ces poëtes dont les Français ont accepté la germanique divinité, fait dire à Elisabeth d'Angleterre que chacun de ses malheurs porte le nom de Marie Stuart. Chacun des malheurs de l'Allemagne est bien mieux signé de l'Autriche.

Je ne vois pas un bûcher s'élever, je ne vois pas un échafaud derrière lequel n'apparaisse ou la politique ou l'ambition de cette maison. Faut-il refaire son histoire, la montrer s'opposant à tous les progrès philosophiques et moraux de l'Allemagne, les combattant par le fer et par le feu dans chaque partie de la Germanie ? Faut-il la peindre entraînant chaque jour l'Allemagne dans une aventure nouvelle, la compromettant avec tous les peuples et avec toutes les causes ; promettant toujours des droits et de la liberté quand elle est attaquée et ne donnant jamais rien après la victoire ; attirant sans cesse l'ennemi ou l'étranger sur le sol allemand, et ne sachant jamais l'en chasser seule ? Faut-il, en un mot, remettre sous les yeux de l'Allemagne ses propres annales ?

Encore aujourd'hui, il règne chez la plupart des Allemands une irritation très-vive contre une puissance qui fut toujours leur amie. Mais à qui la faute si la Russie menace jusqu'à un certain point la Confédération ; et si les susceptibilités germaniques ont engagé la Saxe à répondre, par le savant organe de M. de Beust, n'est-ce pas à l'Autriche, qui, par sa conduite, a provoqué toutes les mauvaises volontés ?

Nous cherchons aux quatre points cardinaux de la civilisation, et nous ne trouvons pas que l'Autriche ait jamais su faire à ses confédérés allemands un allié sérieux.

Les Polonais l'ont sauvée. Elle a mis un abîme entre l'Allemagne et la Pologne, non pas seulement par les partages d'autrefois, mais par les épouvantables massacres de la Gallicie et par l'attentat consommé en pleine paix sur la république de Cracovie.

Les Hongrois l'ont sauvée aussi ; elle a également brouillé par les exécutions les plus sanglantes deux peuples qui ne demandaient qu'à s'aimer, — et nous le disons au nom des Hongrois, du moins, — qui ne demandent pas mieux encore que de s'entendre.

Les Italiens non plus n'étaient pas hostiles à l'Allemagne. Ils lui avaient, eux aussi, donné des maîtres en civilisation. Par quelle perpétuité d'invasions et d'attentats l'Autriche ne les a-t-elle pas provoqués ? Ces Allemands si paisibles, si bons et généreux individuellement et capables de comprendre toutes les grandes causes, elle les a fait servir à répandre l'oppression. Si le nom de l'Allemagne avait pu être à jamais souillé, déshonoré, elle l'aurait souillé et déshonoré pour toujours, en le traînant dans tant de batailles où elle a été vaincue, dans tant d'expéditions où il lui a fallu reculer, dans tant d'entreprises ou d'exploitations contre lesquelles le génie des nations libres s'est à la fin révolté.

Nous ne parlons pas de la France. Examinons consciencieusement le commencement des grands débats qu'ont eus les deux peuples. On fait remonter la rivalité austro-française à Charles-Quint et à François Ier. Il fallait bien que François Ier se défendît et commençât ces luttes pour l'équilibre européen, qui ont abouti à de si grands résultats ; autrement la monarchie universelle des Habsbourg ne faisait qu'une bouchée de cette pauvre petite France, alors si réduite, aujourd'hui si grande. Tout ce que l'Allemagne a souffert dans cette lutte, doit retomber sur l'Autriche.

VII.

On dit aux Allemands que leur intérêt leur fait une loi de ne pas laisser l'Autriche être vaincue en Italie ; que la possession de l'Italie lombarde et vénitienne est nécessaire à la défense de la patrie commune.

En premier lieu, nous défions tout publiciste raisonnable

de soutenir par des arguments que l'Autriche aurait un intérêt quelconque commun avec l'Allemagne.

L'Autriche a pu être, dans le passé, une puissance allemande par la constitution de son empire, car elle ne l'a jamais été par les sentiments. Mais elle ne tient plus à l'ancienne communauté que par des liens qui vont chaque jour en s'affaiblissant. Elle tend à conquérir un empire excentrique, et cette excentricité même est un péril permanent pour l'Allemagne. A chaque instant, il faut que celle-ci prenne la défense d'une cause qui n'est pas la sienne. Tantôt c'est la Hongrie dont il faut retenir les populations ; tantôt c'est l'Italie dont les soulèvements menacent de mettre en feu le monde. Après ces grands pays, qui peut dire que le tour des petites provinces ne viendra pas. La Transylvanie est-elle si bien soumise qu'on puisse être sûr qu'elle ne se laissera pas entraîner par l'esprit roumain ? Pourra-t-on toujours satisfaire les insatiables appétits de cette Croatie qui dévore en partie l'empire ? Ne se souvient-on plus, en Gallicie, des massacres d'il y a douze ans ? La charge de ces innombrables âmes sur lesquelles pèse le joug de l'Autriche doit-elle incomber à l'Allemagne ? L'Allemagne profite-t-elle en quelque chose de la conquête ? On voudrait cependant qu'elle fût tenue à en assurer l'éternelle possession.

Malheur à elle si elle se laissait engager dans cette voie. Il lui faudrait avoir toujours une épée et des fouets sanglants dans les mains.

D'un autre côté, nous demandons à l'Allemagne où, quand et comment l'Autriche l'a défendue. Nous la voyons bien demander des sacrifices, mais nous ne la voyons pas en accomplir. On fait résonner bien haut sa conduite durant la guerre que l'on qualifie de guerre de l'Indépendance ; croit-on, par hasard, qu'elle eût trahi le conquérant auquel elle avait donné sa fille, si celui-ci eût continué à être vainqueur. La victoire tournait contre Napoléon, elle se retrouva allemande pour profiter de sa défaite.

Elle se conduit d'ailleurs vis-à-vis de ses confédérés dans la paix comme dans la guerre.

Tandis que la Prusse, comprenant les intérêts commerciaux de l'Allemagne, a réuni en une sorte de corps les groupes les plus sympathiques, l'Autriche a repoussé le principe de l'union commerciale.

Dernièrement il s'est présenté pour elle une occasion splendide, pour ainsi dire, de montrer le bien qu'elle voulait à l'Allemagne. L'Europe avait proclamé la liberté du Danube. Ce fleuve appartenait à tous, et comme il est Allemand d'origine, c'est l'Allemagne qui devait le plus tirer parti de cette liberté. Qu'a fait l'Autriche. Elle a revendiqué le fleuve pour elle seule et pour les riverains. Elle l'a revendiqué avec fureur, contre la lettre et contre l'esprit des traités, au mépris de sa propre signature mise au bas du traité de Paris. La Prusse, également signataire de l'acte d'affranchissement, s'est vue obligée de protester. La cabinet de Vienne a passé outre. Il faudra des victoires en Italie pour que le Danube confisqué soit rendu à l'Allemagne.

Ce qui a eu lieu pour les intérêts commerciaux a eu lieu aussi pour les intérêts moraux.

A-t-on quelque part en Allemagne revendiqué une liberté ou un droit, l'Autriche s'est présentée pour étouffer cette demande. Nous ne parlons pas des épouvantables guerres religieuses dont elle a désolé le sol allemand, nous citons des faits récents, qui sont encore dans la mémoire de tous. Quel a été l'adversaire le plus constant du gouvernement constitutionnel? L'Autriche !

Par plusieurs siècles de luttes, l'Allemagne avait conquis une liberté de conscience incontestable. L'Autriche demanda au congrès de Vienne un concordat général que l'Europe eut le bon esprit de refuser. Où en serait, si la tentative avait réussi, cette franchise religieuse dont l'Allemagne est si justement orgueilleuse.

Ainsi, il n'y a pas un intérêt germanique véritable que dans un temps ou dans un autre la politique autrichienne n'ait contrarié.

Elle publie que le fameux quadrilatère de Vérone, Mantoue, Peschiera et Legnago est nécessaire à la défense de ses confédérés. Nous ne connaissons qu'une seule et vraie forteresse, qu'un seul et vrai quadrilatère, celui dont chaque angle est formé par la rencontre de la justice et du droit. Les quatre forteresses italiennes, loin de garantir l'Allemagne, la compromettent.

En effet, si elles ne donnaient pas une si grande confiance à l'Autriche, elle se montrerait moins opiniâtre dans son oppression, moins âpre aux entreprises qui ont pour but de l'étendre. Elle serait moins ardente à la provocation, et ne mettrait pas sans cesse en question le repos des États allemands.

Supposons l'Italie libre, l'Italie libre, suivant la grande parole, des Alpes jusqu'à l'Adriatique, est-ce que l'Allemagne ne sera pas mille fois plus garantie par la liberté et

par le bonheur de l'Italie que par les canons impuissants
de Vérone et de Mantoue. Le temps n'est plus où les forteresses assuraient les dominations. Il faut conquérir les
cœurs. On nous a pris, à nous Français, je ne sais combien
de forteresses et d'arsenaux en 1814 et en 1815, en sommes-nous moins puissants, en sommes-nous moins bien
garantis?

En vérité, c'est faire injure à la noble Germanie que de
lui parler plus longtemps de ce fameux quadrilatère. Quoi,
quarante millions d'Allemands auraient besoin d'autre
chose que de leur courage et de leur union pour résister à
un ennemi quelconque? A qui fera-t-on croire une pareille
histoire de nourrice diplomate.

L'Allemagne couverte par Mantoue et Vérone, allons
donc! L'Allemagne est couverte par elle-même.

« Moi , dis-je, et c'est assez! »

L'Autriche n'a, d'ailleurs, jamais empêché personne de
fouler en vainqueur le sol allemand. Si l'Allemagne a besoin d'une protectrice, qu'elle en cherche une autre!

Le prince de Metternich, après avoir demandé l'Italie
pour couvrir Vienne, demandait, à son congrès de 1814,
les îles Ioniennes pour couvrir l'Italie. L'Autriche aurait
obtenu les îles Ioniennes qu'elle ne les aurait pas plus
fait servir à la défense de l'Allemagne qu'elle n'y a fait
servir l'Italie.

Elle les aurait exploitées, pressurées, pillées à son profit singulier. Mais c'eût été tout.

VIII.

L'histoire l'affirme avec la haute autorité des faits. Pour être quelque chose, pour que l'on prononçât son nom, il a fallu que l'Allemagne se détachât de l'Autriche. Celle-ci avait su tout absorber, jusqu'au nom allemand. Il y a peu de temps encore, on ne disait pas l'Allemagne, mais l'Autriche, mais l'Empire, mais l'Empereur! D'Allemagne, il n'y en avait que dans les livres; d'Allemands, que dans les théories. Tout le monde était sujet impérial.

Et voilà les royaumes qui ont été taillés dans l'étoffe impériale, voilà le Hanovre, la Bavière, la Saxe qui font cortège à l'Autriche.

Certes, nous avons trop de respect pour les gouvernements de ces pays pour les accuser de trahir les intérêts allemands. Cependant, il faut bien le dire, une intervention quelconque de l'Allemagne en faveur de l'Autriche serait une faute irréparable, une sorte de crime de lèse-Germanie.

Les politiques raisonnent, il est vrai, comme il suit. Ils disent que l'Allemagne est menacée par deux influences rivales, par l'influence prussienne et par l'influence autrichienne. Si on laisse abaisser l'Autriche, la Prusse sera toute-puissante. Il faut donc tenir l'équilibre.

Le raisonnement est spécieux, mais il n'est pas péremptoire.

En premier lieu, rien ne prouve qu'il soit absolument nécessaire que l'Allemagne soit dominée par l'influence prussienne ou par l'influence autrichienne. C'est une singulière confédération allemande que cette confédération qui serait forcée d'obéir à la Prusse si elle n'obéissait à l'Autriche, et qui aurait pour Charybde ou pour Scylla, Vienne ou Berlin.

Au lieu de s'étudier à tenir la balance égale entre ces deux cours, est-ce que les divers princes allemands ne devraient pas s'étudier à créer une influence exclusivement allemande ? Est-ce que le premier pas dans cette voie ne serait pas précisément de s'affranchir d'une des deux politiques qui domine, c'est-à-dire de la plus dangereuse ?

En effet, il n'y a vraiment pas de comparaison à établir entre la Prusse et l'Autriche. La Prusse représente, dans l'antagonisme des rivalités, l'idée libérale ; l'Autriche, le despotisme le plus absolu. L'écueil de Berlin est donc infiniment moins menaçant que l'écueil de Vienne. La Prusse est devenue presque constitutionnelle dans le sens bon et loyal du mot. L'Autriche est antipathique à toute constitution. La Prusse n'est pas gouvernée par une famille qui, de siècle en siècle, ait amassé, comme à plaisir, contre sa dynastie, la haine des peuples. Elle compte parmi ses princes l'ami de Voltaire. Sa modération a plusieurs fois éclaté, notamment quand elle a refusé la couronne impériale de l'Allemagne. Il ne peut non plus y avoir de parallèle entre les deux souverains actuels. Tandis que le jeune François-Joseph ne croit rien de trop vaste pour son ambition, et s'est imaginé un instant pouvoir dominer et les congrès et les batailles, le prince-régent, calme, réfléchi, s'attache surtout à conserver l'héritage confié à sa garde. Son esprit, ses tendances sont tout germaniques. Il n'est pas seulement un prince de Hohenzollern, il est avant tout patriote allemand. François-Joseph n'a été, n'est et ne sera jamais que l'empereur d'Autriche. Le parti allemand n'a rien à attendre de lui.

Mais supposons qu'il n'y ait pas, pour la Confédération, avantage à laisser pencher la balance du côté de la Prusse, pourquoi, répétons-le, ne saisirait-elle pas l'occasion qui s'offre d'être quelque chose par elle-même? Pourquoi ne donnerait-elle pas une leçon aux ambitions qui veulent se servir d'elle? Quelle importance n'eût-elle pas prise, par exemple, en adoptant un système à elle, dans la question qui s'agite?

On fait, il est vrai, miroiter à ses regards le plus brillant avenir. Mais le moindre effort de la réflexion prouve que la Confédération n'a rien à gagner à se mêler d'une manière quelconque au conflit.

IX

D'abord, l'Allemagne, même unie à la Prusse et à l'Autriche, ne peut espérer de vaincre la France, dans les circonstances où nous sommes. Jamais une coalition purement allemande n'a réussi à nous entamer. Il a fallu, pour nous abattre, non-seulement la réunion de l'Europe entière, mais un épuisement amené par vingt-cinq ans de guerres successives et hors de proportion avec nos forces. Toutes les coalitions antécédentes n'avaient mené qu'à des conquêtes de notre part.

Les circonstances actuelles ne sont pas celles de 1814. La France est dans la plénitude de son courage et de sa puissance. La guerre qu'elle soutient la fatigue si peu qu'à peine on s'en ressent à l'intérieur. Elle a des hommes et de l'argent à en prêter à l'univers entier. Au premier appel, cinq ou six cent mille soldats ou gardes nationaux se masseraient sur ses frontières, sous la conduite de généraux exercés, habitués à la victoire, qui seraient invincibles s'ils se bornaient à la défense, et qui, dans l'attaque, iraient peut-être bien plus loin que la Confédération ne le voudrait.

D'un autre côté, la France n'est pas isolée comme elle l'était à l'époque des succès des coalitions. Sa conduite généreuse après la prise de Sébastopol lui a fait une amie de la Russie, qui ne prêterait certes pas un soldat à une Confédération qu'elle proclame seulement une Confédération de défense. Loin de là, qui sait si, au moment où les armées allemandes marcheraient sur le Rhin, les armées russes ne prendraient pas position sur les frontières germaniques ?

En 1814, la coalition avait une base qu'elle n'a plus et qu'elle ne peut plus avoir, la base de l'or anglais, l'appui de la marine anglaise, l'alliance de l'inexorable haine de l'Angleterre contre Napoléon Ier. Tout cela a changé. Les capitaux anglais et français sont tellement unis dans une foule d'entreprises, que la séparation n'est pas possible sans catastrophe. Une guerre soutenue en commun a rapproché ces deux nations. La France pouvait, si elle l'eût voulu, abaisser d'un seul coup l'Angleterre, en donnant la main à la révolte des Indes. Les insurgés indiens le demandaient. On a repoussé leurs instances. C'est là une conduite qui a gagné dans la Grande-Bretagne plus de cœurs que l'on ne croit. Les deux pavillons sont encore, à l'heure qu'il est, unis pour une entreprise commune, et l'on a vu que les efforts du parti tory, pour amener une rupture d'alliance, ont complétement échoué contre le bon sens de la nation anglaise. Jamais il n'y eut une chute plus complète que celle de lord Derby, et l'on ne peut pas supposer que ni lord Palmerston, ni lord John Russell, ni sir Gladstone veuillent se déshonorer, en abandonnant subitement la cause de l'Italie, envers laquelle ils ont pris des engagements ineffaçables.

Enfin, la France a un autre auxiliaire qu'elle n'avait pas en 1814.

Cet auxiliaire mérite une explication.

X.

Ceux qui veulent bien ne pas fermer leurs yeux à la lumière, peuvent voir qu'une religion politique nouvelle est née, qu'elle a ses apôtres, ses hommes d'État, ses armées.

Cette religion est celle des nationalités.

Il y en a qui l'appellent la révolution. Mais on a tant abusé de ce mot que nous ne voulons pas en tirer ici tout le parti que nous en pourrions tirer.

Les divers congrès de la Sainte-Alliance avaient posé en fait que les puissances ont le droit, dans l'intérêt commun, de disposer arbitrairement des peuples, de les distribuer suivant les besoins plus ou moins consultés d'un équilibre plus ou moins faux.

Des faits ont contredit ce fait que les congrès de la Sainte-Alliance avaient donné pour base à l'ordre européen. Des peuples ont voulu se gouverner par eux-mêmes. Ils ont renversé ce que 1814 et 1815 avaient édifié. A leur suite d'autres peuples ont réclamé leur indépendance et leur autonomie. Il a fallu reconnaître ce droit. C'est au nom de ce droit que nous sommes aujourd'hui en Italie et que nous y avons successivement remporté en un mois, et contre un ennemi qui avait mis dix ans à prendre ses dispositions, les victoires de Montebello, de Magenta, de Marignan et de Solferino. Ces victoires ne sont pas seulement les victoires des aigles françaises, des soldats français, elles sont les victoires de la religion des nationalités dont le drapeau français est ici le labarum. C'est à Milan, comme autrefois le christianisme, que par l'adhésion des souverains alliés cette religion est devenue la religion nouvelle du monde. L'ancienne Sainte-Alliance doit en prendre son parti.

Eh bien! que les Allemands dont on exalte l'amour-propre national regardent autour d'eux. Ils verront que les Italiens ne sont pas, parmi les nations, les seuls à réclamer leur nationalité.

Le labarum de la religion des droits des peuples s'est déployé pour eux. Qui pourrait répondre que, s'il le fallait, il ne se déploierait pas pour ces peuples dont le cœur s'agite à chacun de nos succès et qui ont autant que les Allemands des droits à être libres, à se gouverner par eux-mêmes.

Allons plus loin. Est-ce que l'Allemagne elle-même est très-satisfaite à cet égard. Est-ce que les gouvernements qui lui ont été donnés en 1815 sont bien ce qu'elle désirait? Est-ce qu'elle n'en accepterait pas de meilleurs, et si la religion des nationalités promettait de les apporter, est-ce que les princes allemands, amis de l'Autriche, n'auraient pas à réfléchir.

Et nous sommes modestes ; nous aurions pu parler, nous l'avons dit, de révolution. Nous ne le voulons pas. Pour le moment, il nous suffit de la religion des nationalités.

Que l'Allemagne médite sur les dogmes nouveaux avant de marcher trop vivement sur le Rhin.

XI.

Il est vrai que comme contre-partie il circule dans les différents centres germaniques une fable bien excellente.

On a fait croire aux Allemands que la délivrance de l'Italie n'était pas populaire en France, qu'il y avait chez nous un parti de la guerre et un parti de la paix, et qu'aussitôt que l'Allemagne froncerait le sourcil, ce dernier parti appuyé de l'extérieur imposerait sa volonté.

Par une calomnie qui a son importance, on a répandu que le principal élément du parti de la paix était l'opinion à laquelle l'auteur de ces lignes a l'honneur d'appartenir, c'est-à-dire l'ancienne opinion républicaine.

Il faut que les Allemands sachent que c'est là une erreur complète. L'opinion libérale tout entière est, sans arrière-pensée, pour la délivrance de l'Italie ; c'est elle qui a demandé le plus haut l'intervention de la France ; c'est elle qui salue avec le plus de franchise les succès de nos soldats. Quand il arrive de l'extérieur, sur l'aile des vents diplomatiques, des bruits de combinaisons ayant pour but des congrès prématurés et un arrangement ayant pour base autre chose que l'Italie libre depuis les Alpes jusqu'à

l'Adriatique, c'est toujours cette même opinion qui re-
pousse le plus loin un semblable déshonneur.

Les mauvaises volontés de quelques cours germaniques
ne doivent donc s'attendre à aucun appui moral de la part
des hommes qu'on leur a faussement représentés comme
blâmant l'intervention française en Italie. Si, par impossi-
ble, ces mauvaises volontés se faisaient jour, savez-vous à
quoi elles conduiraient et l'auteur de ces lignes et ceux qui
pensent comme lui, elles les conduiraient à demander que
les traités de 1815 fussent complétement abolis, que la
France étendît de nouveau ses ailes et reprît ses an-
ciennes limites.

Voilà quel serait le premier effet d'une déclaration de
guerre des gouvernements allemands, et cet effet corres-
pondrait à l'histoire. Personne n'a oublié comment il se
fit que le Rhin fut à nous.

XII

Par toutes ces considérations, nous espérons que le bon
sens allemand se laissera facilement persuader des dangers
incalculables de l'entreprise dans laquelle on voudrait entraîner l'Allemagne.

Ceux qui prêchent à la Germanie la guerre en faveur de

l'Autriche, ne forment, d'ailleurs, qu'une très-faible minorité, et on le conçoit.

A quoi bon, pourquoi une guerre en faveur de l'Autriche? Quelle pourrait en être l'issue? A supposer que nous ne fussions pas vainqueurs, quelle serait la situation de l'Allemagne après la victoire? Qu'y gagnerait-elle? Quel serait le profit pour les populations allemandes?

Elles se seraient inutilement déshonorées en se faisant un instrument d'oppression, en mentant au passé et à la philosophie de l'Allemagne. Elles auraient insensiblement creusé un abîme entre elles et cette France qui ne demande qu'à les traiter avec fraternité.

Nous avons, de ce côté-ci du Rhin, des populations d'origine germanique. Voyez combien elles sont parfaitement assimilées à la France. Dans le pays par excellence du patriotisme, elles sont patriotes entre toutes. Demandez plutôt à Strasbourg, à Metz, et à tant d'autres villes héroïques.

Ces populations, dont la France est si fière, et qui lui servent à la fois de forteresses et d'avant-garde, forment une heureuse transition entre les deux nations. Elles nous ont fait connaître et apprécier l'Allemagne; elles nous y ont aussi conquis des sympathies. Elles peuvent servir, pour ainsi dire, d'assises à l'édifice d'une alliance étroite.

Cette alliance de l'Allemagne et de la France a été souvent proposée. Elle a été réalisée dans les lettres, dans la philosophie et dans les arts. On croyait qu'elle se ferait en politique, quand on a vu la Prusse accepter si bien l'intervention de Napoléon III dans la question de Neufchâtel. C'était un glorieux commencement de bons procédés, et la modération de la Prusse épargna, dans cette occasion, une grande secousse à l'Europe. L'opinion publique française s'en montra reconnaissante ; elle fit au cabinet de Berlin des avances qui parurent acceptées avec une reconnaissance réciproque. Les intrigues de l'Autriche sont venues altérer cette harmonie naissante.

Mais ces nuages ne sont pas encore assez épais pour qu'ils ne puissent pas être dissipés. Nous avons des raisons pour croire à la haute sagesse du Prince-Régent. Nous espérons encore que son gouvernement résistera aux entraînements factices que souffle l'Autriche.

Une collision de l'Allemagne et de la France n'a rien de dangereux pour nous ; au contraire, les luttes entre les deux pays, quand ils ont été abandonnés à leurs forces particulières, se sont toujours terminées par l'agrandissement de notre territoire et par de profonds changements dans l'ordre germanique.

Nous attendons avec confiance la décision de l'opinion publique allemande.

FIN.

www.ingramcontent.com/pod-product-compliance
Ingram Content Group UK Ltd.
Pitfield, Milton Keynes, MK11 3LW, UK
UKHW021206140726
13695UKWH00005B/2381